AMO MANTENERE IN ORDINE LA MIA CAMERA
I LOVE TO KEEP MY ROOM CLEAN

Shelley Admont
Immagini a cura di Sonal Goyal e Sumit Sakhuja

www.kidkiddos.com
Copyright©2015 by S.A.Publishing ©2017 by KidKiddos Books Ltd.
support@kidkiddos.com

All rights reserved. No part of this book may be reproduced in any form or by any electronic or mechanical means, including information storage and retrieval systems, without written permission from the publisher or author, except in the case of a reviewer, who may quote brief passages embodied in critical articles or in a review.

Tutti i diritti sono riservati. Nessuna parte di questa pubblicazione può essere riprodotta, memorizzata in sistemi di recupero o trasmessa in qualsiasi forma o attraverso qualsiasi mezzo elettronico, meccanico, mediante fotocopiatura, registrazione o altro, senza l'autorizzazione del possessore del copyright.

Second edition, 2019

Translated from English by Annalisa Langone
Traduzione dall'inglese a cura di Annalisa Langone

Library and Archives Canada Cataloguing in Publication
I Love to Keep My Room Clean (Italian English Bilingual Edition) / Shelley Admont
ISBN: 978-1-5259-1776-9 paperback
ISBN: 978-1-77268-596-1 hardcover
ISBN: 978-1-77268-283-0 eBook

Please note that the Italian and English versions of the story have been written to be as close as possible. However, in some cases they differ in order to accommodate nuances and fluidity of each language.

Per quelli che amo di più-S.A.
For those I love the most-S.A.

Era un sabato mattina soleggiato in una foresta lontana. Tre fratellini coniglietto si erano appena svegliati quando la loro mamma entrò nella camera.

It was a sunny Saturday morning in a faraway forest. Three bunny brothers had just woken up when their Mom entered the room.

"Buongiorno ragazzi," disse la mamma. "Ho sentito un po' di movimento."

"Good morning, boys," Mom said. "I heard you moving around in here."

"Oggi è sabato, possiamo dormire fino a quando vogliamo," disse con un sorriso il fratello un po' più grande.

"Today is Saturday, we can sleep as late as we want," said the middle brother with a smile.

"Se volete potete rimanere un po' nei vostri letti," disse la mamma, "ma io devo andare via. Oggi devo andare a trovare la nonna e voi rimanete con papà fino al mio rientro."

"You can stay in your beds for a while," Mom said, "but I'll have to leave. I need to visit your Granny today. You'll stay with Daddy until I come back."

"Quando vi alzate, lavatevi i denti e andate a fare colazione. Poi, potete leggere un libro oppure giocare con i vostri giochi," continuò la mamma. "Se volete, potete andare fuori, andare in bici o giocare a pallacanestro."

"When you get out of your beds and brush your teeth, you'll have your breakfast. After that, you can read books or play with your toys," Mom continued. "Or, you can go outside and ride your bicycles."

"Evviva!" I fratellini coniglietto iniziarono a saltare felici sui loro letti.

"Hooray!" The bunny brothers started to jump on their beds happily.

"Ma…" disse la mamma, "siete incaricati di pulire la vostra camera."

"But…" said Mom, "you are responsible for cleaning your room."

"Quando torno, voglio vedere questa casa pulita e sistemata, proprio come è adesso. Ok?"

"When I come back, I want to see this house clean and organized, exactly as it is now. Can you do this?"

"Certo, mamma," rispose prontamente il fratello maggiore. "Siamo grandi abbastanza e possiamo avere degli incarichi."

"Sure, Mom," answered the oldest brother proudly. "We are big enough and we can be responsible."

Dopo aver lavato i denti, il papà preparò una colazione deliziosa con un dolce buonissimo. Poi iniziò il divertimento!

After they brushed their teeth, Dad served a delicious breakfast and an even more delicious dessert. Then the fun began!

I coniglietti iniziarono a fare insieme il loro puzzle. Poi continuarono con le loro costruzioni in legno ed infine giocarono insieme con il loro trenino.

The bunnies started by putting together their puzzle. Then they continued with their wooden building blocks. Next they turned on the train set and played together with the tracks.

"Questo trenino è il mio preferito," disse Jimmy appena accese l'interruttore. Il trenino cominciò a muoversi.

"This railway train is my favorite," said Jimmy as he flipped the on switch. The train shook the track as it moved.

"Questo è il regalo più bello che ho ricevuto per il mio ultimo compleanno."

"This is the best present I've got on my last birthday."

Dopo aver giocato per ore, i coniglietti iniziarono ad annoiarsi.
After playing inside for hours, the bunnies grew bored.

"Andiamo a giocare fuori!" disse il fratello più grande guardando fuori dalla finestra.

"Let's go play outside!" said the middle brother, looking out the window.

"Sì! Ma dobbiamo prima pulire qui," disse il fratello maggiore.

"Yeah! But we need to clean up here first," said the oldest brother.

"Oh, abbiamo tanto tempo prima che la mamma ritorni," rispose Jimmy, "possiamo pulire dopo." Il fratello grande accettò ed andarono tutti fuori.

"Oh, we have enough time before Mom comes back," answered Jimmy, "we can clean up later." The older brothers agreed and they all went out.

Fuori i tre fratellini coniglietto si divertirono sotto il sole. Andarono in bici e giocarono a nascondino. Infine decisero di giocare a pallacanestro.

Outside, the three bunny brothers enjoyed the sunny weather. They rode their bicycles and played hide and seek. Finally, they decided to play basketball.

"Abbiamo bisogno della nostra palla da basket," disse il fratello più grande. "Ma non ricordo dove l'abbiamo messa."

"We'll need our basketball," said the oldest brother. "But I don't remember where we put it."

"Penso che sia sotto il mio letto," aggiunse Jimmy. "Vado a controllare." Così corse dentro casa nella speranza di trovare la palla.

"I think it's under my bed," added Jimmy. "I'll go check." With that, he ran inside the house, hoping to find the ball.

Quando aprì la porta della loro camera rimase sorpreso. Il pavimento era pieno di pezzi del puzzle, costruzioni, macchinine, camioncini ed altri giocattoli.

When he opened the door to their room, he was very surprised. The floor was covered with puzzle pieces, building blocks, cars, trucks, and other toys.

Andando verso il suo letto, Jimmy disse "Ci sono troppe cose a terra".

"There are too many things thrown on the floor", said Jimmy, making his way toward his bed.

Ad un certo punto inciampò e perse l'equilibrio. Cercò di rimanere in piedi, ma cadde proprio sul suo trenino preferito.

Eventually, he stumbled and lost his balance. He was trying to stay upright, but instead fell directly on his favorite train.

"Ahi!" urlò guardando le ruote del treno volare dall'altra parte. "Noooo, il mio trenino!" Jimmy scoppiò a piangere.

"Ouch!" he screamed, watching the train's wheels flying in different directions. "Noooo, my favorite train!" Jimmy burst into tears.

"Tutto ok, tesoro?" Il papà si affacciò dalla porta ma non poté entrare per il disordine che c'era nella camera.

"Are you alright, honey?" Dad appeared at the door. He couldn't fit inside the room due to all the mess.

"Tutto OK ma il mio trenino ..." Jimmy piangeva indicando le ruote rotte del trenino.

"I'm OK. But my train..." cried Jimmy, pointing to the train's broken wheels.

"Non riesco a vedere il trenino," disse il papà. "Che cosa è successo esattamente in questa camera?"

"I can't even see the train," said Dad. "And what exactly happened in this room?"

"Stavamo solo giocando e… sono caduto," continuò Jimmy, le lacrime continuavano a cadere sul suo viso.

"We just played...and then I fell down," Jimmy answered, tears running down his face.

"Jimmy, perché ci stai impiegando tanto tempo?" si udirono le voci degli altri fratelli mentre correvano dentro casa.

"Jimmy, why's it taking you so long?" The other brothers shouted as they ran into the house.

"Il mio trenino è rotto!" Jimmy non smetteva di piangere.

"My train broke!" Jimmy couldn't stop crying.

"Non piangere, Jimmy," disse il fratello più grande. "Troveremo una soluzione. Papà?"

"Don't cry, Jimmy," said the oldest brother. "We'll think of something. Dad?"

"Posso controllare. Forse posso aggiustarlo," disse il papà. "Ma bisogna sistemare tutto."

"I'll check if I can fix it," answered Dad. "But you need to clean up in here."

"Quando le avrete trovate, portatemi il trenino e le ruote," così il papà uscì dalla camera.
"Bring me the train and the wheels after you find them," he said leaving the room.

"Dobbiamo fare presto, prima che torni mamma," disse il fratello maggiore.

"We need to hurry, before Mom comes back," said the oldest brother.

"Oh, mettere in ordine è noioso," disse Jimmy sospirando.

"Oh, cleaning up is boring," said Jimmy sighing.

"Facciamo il gioco delle pulizie," esclamò il fratello maggiore.

"Let's play a cleaning-up game then," exclaimed his oldest brother.

Jimmy diventò euforico. "La tempesta è in arrivo!" gridò. "Dobbiamo aiutare tutti i giocattoli a tornare nelle proprie case.

Jimmy became excited. "The storm is coming soon!" he shouted. "We need to help all the toys get back to their houses."

"*Siamo dei supereroi,*" urlò il secondogenito. *Stava raccogliendo i giocattoli dal pavimento per metterli ognuno al suo posto.*

"We're superheroes," yelled the middle brother. He picked up toys from the floor and put each one in its proper place.

Giocando e divertendosi, i fratelli sistemarono e pulirono tutto.

Playing and enjoying themselves, the brothers organized and cleaned everything.

"Tutte le ruote sono qui," esclamò Jimmy, correndo da suo padre con il trenino rotto e con le sue ruote nelle mani.

"All wheels are here," exclaimed Jimmy, running to his father with the broken train in his hands.

"Ecco, ho trovato la palla da pallacanestro!" gridò entusiasta il secondogenito.

"Here, I found the basketball!" screamed the middle brother with excitement.

"Mettiamola nel suo contenitore e ... abbiamo finito," disse felice il fratello maggiore.

"Put it in its box and…we are finished," said the oldest brother happily.

"È stato davvero divertente," disse il secondogenito sedendo sul suo letto, "Ma ci abbiamo messo un'ora intera. C'era troppo disordine."

"It was really fun," said the middle brother, sitting down on his bed, "but it took us a whole hour. It was too much mess."

"No!" urlò Jimmy appena entrò nella camera. "Non sederti lì!"

"Cosa? Perché?!" chiese il secondogenito, saltando giù dal letto.

"No!" yelled Jimmy as he entered the room. "Don't sit there!"

"What? Why?!" asked the middle brother, jumping off the bed.

"Hai appena sistemato il tuo letto. Se ti siedi sopra adesso, dovrai rifarlo di nuovo," spiegò Jimmy.

"You just made your bed. If you sit on it now, you'd have to make it again," explained Jimmy.

"Magari possiamo leggere un libro adesso," suggerì il fratello maggiore avvicinandosi alla libreria.

"Maybe we could read a book now," suggested the oldest brother, approaching the bookshelf.

"Non toccare quei libri," urlò Jimmy.

"Don't touch those books," shouted Jimmy.

"*Li ho sistemati tutti per colore!*"
"I organized them all by color!"

"*Scusa,*" *disse il fratello maggiore.* "*Ma cosa possiamo fare? Non possiamo giocare con nulla.*"
"Sorry," said the oldest brother. "But what will we do? We can't play with anything."

Ci pensarono un attimo e poi il fratello maggiore urlò. "Ho un'idea!"

They thought for a while and then the oldest brother shouted: "I have an idea!"

"Che cosa ne pensate se mettiamo in ordine dopo ogni gioco? In questo modo non ci vorrà tanto tempo per mettere a posto i giocattoli."

"What if we clean up after each game?" he suggested. "Then it won't take so much time to put toys away."

"Proviamo," disse felice Jimmy.

"Let's try," said Jimmy happily.

Il fratello maggiore cominciò a leggere un bellissimo libro animato ai suoi fratelli più piccoli. Quando finirono di leggere, lo mise a posto sulla mensola.

First, the oldest brother read a beautiful book with pop-up pictures to his younger brothers. When they finished reading, he put it back on the shelf.

Poi costruirono una grande torre con le loro costruzioni colorate. Dopo aver finito, misero le costruzioni nella loro scatola – e la camera rimase in ordine!

Next, they built a large tower out of their colorful blocks. When they were done, they put the blocks back into the box — and the room stayed clean!

In quel momento, la mamma e il papà bussarono alla porta.

At that moment, Mom and Dad knocked on the door.

"Mi siete mancati tanto," disse la mamma, "ma vedo che avete saputo tenere in ordine la vostra camera. Sono fiera di voi."

"I missed you so much," said Mom, "but I see you managed to keep your room clean. I'm so proud of you."

"Ed ecco il tuo trenino, Jimmy," disse il papà dandogli il giocattolo. Le ruote erano sistemate e Jimmy fece un gran sorriso.

"And here's your train, Jimmy," said Dad, handing him the toy. The wheels were fixed and Jimmy smiled widely.

"Chi vuole assaggiare i biscotti che la nonna ha fatto per voi?" chiese la mamma.

"Who wants to try cookies that Granny made for you?" asked Mom.

"Io!" urlarono i fratelli coniglietto ed il loro papà.

"Me!" shouted the bunny brothers and their Dad.

"Ma li mangeremo in cucina e non in questa camera pulita," disse Jimmy molto seriamente. "Giusto, mamma?"

"But we'll eat them in the kitchen, not in this clean room," said Jimmy very seriously. "Right, Mom?"

Tutta la famiglia scoppiò a ridere. Andarono in cucina a mangiare i biscotti.

The whole family started laughing loudly and went to the kitchen to eat cookies.

Da quel giorno, i fratelli amarono tenere pulita e in ordine la loro camera. Giocavano con tutti i giocattoli ma quando finivano, mettevano tutto al proprio posto.

Since that day, the brothers loved to keep their room clean and organized. They played with all their toys, but when they finished, they put everything back in its place.

Non ci impiegarono mai più tanto tempo per sistemare la loro camera.

It never took them long to clean up their room again.

www.ingramcontent.com/pod-product-compliance
Lightning Source LLC
Chambersburg PA
CBHW061132070526
44584CB00033B/4301